James Allen 3

James Allen 3

命運

最重要的事

The Mastery of Destiny

終止負面業力，做出不讓生命後悔的選擇！

詹姆斯・艾倫（James Allen）／著　　蕭寶森／譯

James Allen 3

命運最重要的事：終止負面業力，做出不讓生命後悔的選擇！

原著書名 The Mastery of Destiny
作　　者 詹姆斯・艾倫（James Allen）
譯　　者 蕭寶森
書封設計 柯俊仰
特約美編 李緹瀅
文　　編 曾鈺婷
主　　編 高煜婷
總 編 輯 林許文二

出　　版 柿子文化事業有限公司
地　　址 11677臺北市羅斯福路五段158號2樓
業務專線 （02）89314903#15
讀者專線 （02）89314903#9
傳　　真 （02）29319207
郵撥帳號 19822651柿子文化事業有限公司
投稿信箱 editor@persimmonbooks.com.tw
服務信箱 service@persimmonbooks.com.tw

業務行政 鄭淑娟、陳顯中

立即購書
專　　線 （02）89314903#15
Line ID 80306073
E-Mail service@persimmonbooks.com.tw

初版一刷 2022年04月
　　二刷 2022年04月
定　　價 新臺幣320元
I S B N 978-986-5496-75-3

歡迎走進柿子文化網 http://www.persimmonbooks.com.tw
～柿子在秋天火紅 文化在書中成熟～

國家圖書館出版品預行編目(CIP)資料

命運最重要的事：終止負面業力，做出不讓生命後悔的選擇！／詹姆斯・艾倫（James Allen）著；蕭寶森譯. -- 初版. -- 臺北市：柿子文化事業有限公司，2022.04
面；　公分. --（James Allen；3）
譯自：The mastery of destiny
ISBN 978-986-5496-75-3（平裝）

1.CST：命運 2.CST：生活指導 3.CST：成功法

177.2　　111003955

專業推薦

命運是人內在品質的展現——為自己的命運負責

Aarti Borjigin　全臺最大薩滿大地媽媽春分復甦慶典市集主辦人

「ESPpop Holistic Healing Solutions」版主

宿命論使人認命運是註定的，這輩子會發生什麼事、遇到什麼人、生多少小孩、擁有多少財富與天賦……我們用一生的時間去證明這些「註定」。這樣的思維給人消極的無力感，使人對生活失去掌控感，因為發生在我們身上的事件都非我們所能主宰與控制。一旦我們這樣去理解命運，就很容易庸庸碌碌地將自己消耗在一堆無關的瑣碎事物上，找不到成為自己命運主宰的答案。

改變命運的第一步是改變對命運的認知，人生哲學之父詹姆斯・艾倫對因果關係的體認在二十世紀初將他推向新時代運動的先驅，他使我們將命運的責任從宿命論拉回到自身。他在《命運最重要的事》中提出了一些有趣的哲學問題——我們控制了多少我們的生活？當我們能理解主宰與創造命運的組成要件，是來自我們內在大大小小事所拼湊的投影、是構成我們生活一切因果關係的參與，從而通過自己的行為（行動）創造命運，我們才能拿回對命運的掌控感，活出主宰我們命運的生命樣貌。艾倫的觀點總是被有力地表達出來，我們要為這一切負責：「沒有什麼是不請自來的；命運是整個過去的綜合體。」「人不會吸引他們想要的東西，而是吸引他們本來的樣子。」命運，是我們內在品質的展現。

所有的煩惱都源於自己——平靜的智慧從爬梳生命做起

宇色　靈元院創辦人、靈修作家

在靈元院裡，每次懺儀與共修總是會見到帶著不同信念前來參拜的信眾。有一些人早期在無極瑤池金母指點下釐清生命疑惑、體證「人生所有解答須以心為依歸」並臣服生命，從此成為一名神明（上天）最虔誠的跟隨者；另一種人我戲稱為「遊教」（類似遊民概念）或「類信仰」者，這種人自認為有信仰、了解鬼神世界與宗教，卻帶著對生命的滿滿無奈與疑惑，整年穿梭在各大道場、寺廟間，只盼能夠尋求半刻的寧靜。我相信沒有人會自認是後者，因為「遊教」是指「心」居無定所，彷彿一條四處遊蕩在各宗教的靈魂，意識狀況停滯不前。

宗教與心理醫生、精神分析和諮商本同末異，它們幫助我們尋回掌握生命的主導權，有效定序圍繞在生命四周的人、事、物，讓它們依照我們當下的能力去排備、定位。如此一來，生命才能夠安穩前行，走向我們所設定的目標。不論你此時此刻遭逢何種程度的逆境，所尋求的解套對象是宗教或醫學專業人士，想要做到「安穩前行」，須先體悟本書的重要核心智慧——堅定不移的意志力。詹姆斯．艾倫的書籍在臺灣已有多本譯作，這本《命運最重要的事》更是貫徹他畢生的著作使命——絕不放言高論，他所論述的是生命淬鍊後的精華，其文字向來淺顯，箇中意涵卻值得我們咀英嚼華。《命運最重要的事》不僅明確點出失敗者與被命運折磨的人的各種心性，同時，艾倫還以自身「抵抗心魔的實戰體驗」，教導後人確切不虛的解決之道。此刻，全世界正被疫情（covid-19）、政治（中美與兩岸）與戰爭（俄烏）的詭譎氣氛所籠罩，每個人無不期待疫情前的光明、和平再次重返，此時出版《命運最重要的事》這本歷經百年考驗的睿智小冊，實有助於為社會帶來正面與安定的力量，為我們釐清被全世界負面事件所蒙蔽的思路。

做自己命運的建築師——外在為自己蓋豪宅，內在建構愛的神聖殿堂

涂政源《自己誕生自己》、《52個覺醒的練習》、《讓花開，成功幸福錢來》作者

能夠「自主選擇」自己要生起何種念頭和感覺的人，即擁有煉金術。這樣的人能夠自主創造心中的渴望，同時活在每個美好感受的當下，這樣的人就是自己

生命的主人！每個人目前的現況，都是自己起心動念後創造出來和吸引來的結果。起心，就是生起感覺和感受；動念，則是心的感覺和一切的作為總是因念頭而生——每個人從出生到現在「起心動念」的總合，就是自己走過的命運。

要做自己生命的主人，首先要避免讓頭腦生起無用和有害的慣性思維，最好能生起有用有愛、利人利己的思維。要成為自己生命的主人，就要刻意的、歡喜的接觸美善的高頻能量訊息，詹姆斯・艾倫的書正是高頻能量的訊息，這位偉大智者所傳達出的智慧，就是要讓看到他的作品的人，能做自己命運的建築師——外在能為自己蓋豪宅，內在建構一座有愛的神聖殿堂。

人的思想和言行是命運的「因」，每個人目前的現況和遭遇是「因」所結之「果」。想創造命運的美好果實，就要從「因」下功夫，去活出詹姆斯・艾倫的智慧，去看、去聽、去講美善的訊息和話語——把這位智慧巨人推薦給你。

具名推薦

王莉莉，《祕密》系列譯者

國際好評

詹姆斯・艾倫認為，要打造有美麗花草綻放於庭園的內心，必須細察自己內心的狀況，並且好好打理……懷抱美麗心腸活下去的人，不只擁有令人讚歎的良心、品格，也會因為其良心、品格而吸引許多美好的遭遇。工作順遂、公司繁榮、家庭豐足和平、社會環境美好——人的思想就是有這麼偉大的力量！

稻盛和夫 日本經營之聖（摘自《活きる力》）

詹姆斯・艾倫的作品是需要時刻閱讀的經典，也是行事的指南。

《泰晤士報》

詹姆斯·艾倫的著作能夠幫助世人在內心尋找成功、快樂，是真理之源。他的作品賦予了療傷解痛、帶來幸福的使命，並且觸動人們的心靈。

美國《哈潑月刊》

詹姆斯·艾倫的作品充滿超凡的智慧和人類的終極思考，這或許與他歸隱者般的清貧生活方式有關，這種生活狀態讓一位偉大哲人的思想得以迸發，並且留存後世。

《出版週刊》

若說人倫法則和常識，也許常人沒有不懂，但在行為中常人確實無法完全遵守，才會導致一代又一代人的精神困惑，而艾倫的作品正是啟迪人們時刻要遵循這些常識和法則的哲學巨人。

《紐約週刊》

詹姆斯．艾倫的作品多探討人類精神世界如何從貧瘠走向富足，這一直是人之所以為人的畢生課題。

《洛杉磯時報》

適用於所有想走向富足和實現夢想的人們，但前提是要遵循詹姆斯．艾倫所提倡的道德法則，這才是正道。

《華盛頓郵報》

讀者迴響

- 在讀這本書之前，我不知道有人能以如此直截了當的方式解釋命運……它向任何希望了解命運的意義、重要性和方向的人提供了明確建議，透過詹姆斯．艾倫的引導，你有機會做出決定並採取有意義的行動，去努力創造自己的命運。
- 詹姆斯．艾倫正迅速成為關於思想力量方面我最喜歡的作家之一……在很大程度上，本書內容是關於如何過一種道德的生活。沒錯，對某些人來說，所有關於善惡的討論可能就像要我們成為社會邊緣的清教徒似的。不過，我們的價值觀已日益嚴重退化，有鑑於此，我認為能讀到這樣一本書是一件好事。

- 我無法放下這本書。詹姆斯・艾倫輕鬆且明智地解釋了命運的掌握，並留給我許多思考空間……
- 儘管寫於近百年前，但其議題與現世密切相關……絕對令人著迷、鼓舞人心，也是掌握自己命運的真正指南。
- 詹姆斯・艾倫所說的話實在是太真實了！書裡所建議的，都是我們在日常生活中容易忽視的邏輯和常識，這些話在我們的思想和心靈中引起了共鳴！上帝保佑詹姆斯・艾倫！
- 詹姆斯・艾倫是一位嚴肅的哲學家，回答了我們許多生活當中最重要的問題。如果你是一個認真思考生活和現實本質的人，那麼，詹姆斯・艾倫《命運最重要的事》絕對很適合你。

• 這是一本非凡的書，不論你處於哪個年齡層，這都是能讓你去理解並思考人生意義、目的與法則的必備讀物。真是一本好書！

• 我被此一事實所深深吸引——只要憑藉個人能力，就有機會改變一切！這本書詳細解釋了人要如何改變自己的命運。

Contents

會帶來智慧。
透過專注，
我們可以獲得各領域的工作技能；
透過冥想，
我們可以獲得生活的技能——
知道如何過正確的生活，
認識真理並得著智慧。

「目標」與「智慧」密不可分。
目標所產生的力量，
足以克服所有的境況。
若目標並不正當，
當人達到目標後就會毀掉自己。

努力，
是人類為生命所付出的代價。
努力的頂點，
便是成就。

成就的回報，
便是喜悅。

附錄　詹姆斯．艾倫

Chapter 1

我命，由我不由天

自由意志是啟動「因」的力量，
命運則與「果」有關。
那些無法避免的好事或壞事，
其實都是透過自身的行為所導致。

人們普遍相信所謂的「命運」。也就是說，人們相信：個人與國家的下場，是由一個恆久存在、難以捉摸的力量所決定。

這樣的信念，是長久以來人們觀察生命中的事件所得出的結論。

人們意識到，有些事是自己無法控制和避免的，例如出生與死亡。除此之外，生命之中似乎還有許多事件也是不可避免的。

「命運」是什麼？

人們往往費盡力氣想要達到某些目標，但卻逐漸意識到，有一個外在的力量正不斷地挫敗自己所做的努力，並嘲笑他們是在白費力氣。

久而久之，人們便學會順服這個掌管一切的力量。

人們對這股隱形力量向來一無所知，只是看到它在自己和周遭的人身上所做的工。於是，他們為它取了各式各樣的名字，例如「上帝」、「天意」、「定數」、「命運」等。

知命有何用？

有些擅於思考的人，例如詩人和哲學家，冷眼旁觀著這股神祕力量的運作方式，並且發現：它加諸在人們身上的禍福遭遇，似乎與他們的功過善惡無關。歷代的大詩人，尤其是詩劇作家，也都曾經在作品中描繪他們所觀察到的這股神祕力量。

希臘和羅馬劇作家筆下的主人翁，通常都能預知自己的命運，並且會設法逃避。但在逃避的過程中，卻往往不自覺的涉入一連串事件，結果反而使自己面臨原本極力想躲避的那個厄運。

相反的，莎士比亞筆下的角色，則往往不知道自己會遭逢什麼命運，頂多只有一些不祥的預感。

這些詩人似乎都認為，無論一個人是否能夠預知自己的命運，都無法加以避免；他們認為，一個人所做的每一個有意識或無意識的行為，都會讓他逐步朝著自己的命運前進。

波斯詩人奧瑪珈音（Omar Khayyam）的詩作〈冥冥有手寫天書〉（Moving Finger），就生動地表達了有關「命運」的看法：

「冥冥有手寫天書，
彩筆無情揮不已。
流盡人間淚幾千，
不能洗去半行字。」

古今中外，有無數的人們都曾經在自己的生命之中，經歷過這個不可見的「力量」。

時至今日，這樣的經驗已經被我們濃縮成一句精簡的諺語——

「謀事在人，成事在天。」

不過，也有許多人相信人有自由意志，應該為自己的命運負責。

所有的道德、教導都告訴我們——

人擁有選擇自己的道路、決定自己命運的自由。

人們之所以會努力不懈的追求自己的目標，也正顯示他們意識到自己的自由和力量。

天人之戰

有人體會到「命運」的力量，有人體驗到「自由意志」的存在。於是，支持宿命論的人士和自由意志的信徒們之間，便爆發了一場永無休止的論戰。近年來，這樣的論戰再度死灰復燃，被稱為「決定論與自由意志之爭」。

然而，在兩個看似矛盾的極端之間，必然有一個「中道」可以平衡兩者，並補其不足。

這個「中道」雖然涵蓋兩個極端，卻並非其中任何一者；它能讓這兩個極端和諧共存，是兩者的交會點。

真理是不偏不倚的。它不偏向任何一個極端，而是調和兩者。

在「命運」或「自由意志」這個議題上，有一個比較中庸的說法可以拉近兩者的距離，這個說法便是——

在人的生命中，**「命運」和「自由意志」都確實存在，但它們只不過是「道德因果法則」的兩個面向**，其乃一個適用於整個宇宙的核心法則。

意志因，命運果

「道德因果法則」必須同時有「命運」和「自由意志」（也就是個人的責任和個人的宿命）才能成立。

因為「因」的法則，必然也是「果」的法則；而且「因」和「果」必然彼此相當，並且互相平衡，無論在物質或心靈層面都是如此。所以，因果法則永遠是公平而完美的。

因此，我們可以說——

所謂「果」，是一件註定會發生的事；所謂「因」，則是使這件事註定會發生的一個力量，而非不可測的天命。

人無法脫離因果關係。

人類的生命是由因、果組成，既播種，也收成。

人所做的每一件事都是一個「因」，必須由「果」來平衡。他能夠選擇那個「因」，此即「自由意志」，但不能選擇、改變或避免隨之而來的「果」，此即「命運」。

「自由意志」代表的是啟動「因」的力量，命運則與「果」有關。

人們確實註定會有某些下場，但那是自己造成的（只是自己不知道）。

那些無法避免的好事或壞事，其實都是透過自身的行為導致的。

修命之道

或許有人會說，人不能為自己的行為負責，因為行為是由個人品格所造成，而品格（無論是好是壞）是天生的，因此人並無法為品格負責。如果品格真的是「天生」的，那麼這種說法就可以成立；然而如此一來，世上就不會存在任何道德法則，也不需要有道德上的教導。

人的品格並非天生的，而是逐漸培養而成。

事實上，**人的品格是「果」，是道德法則的產物**。

這也就是說，品格乃是行為的產物，一個人的品格，是由今生的各種行為累積而成。

行為造就品格

一個人的行為操之在己，因此，每個人的品格都是自己塑造出來的。

我們作為自身行動的執行者、品格的塑造者，可以決定自己的命運。每個人都有能力調整並改變自己的行為，並透過每一個舉動改變自己的品格。

當品格改變時（可能變好，也可能變壞），人就為自己打造了不同的命運；至於這個命運是福是禍，端視其行為好壞而定。

由此可見，一個人的品格決定了自己的命運。

既知品格是一個人各種行為的總和，它自然也包含那些行為所造成的後果。

改正過往，修福未來

這些後果就像埋在一個人的品格深處的種子，等待著適當的季節發芽、成長並開花結果。

從一個人所遭遇的事情，可以看出他的為人。那些對他緊追不捨、甚至無法透過任何努力或禱告來避開的「命運」，其實是他不當行為所形成的「厲鬼」，逼迫著他付出代價。

發生在一個人身上的種種，無論是福是禍，都是自己所發出的聲音的迴響。

正因為知道，世間的一切都依照這個至高無上、絕對公平的因果法則運行，所以使得良善之人能夠愛他的敵人，並超越所有的仇恨、憤怒與不滿。

因為良善之人能夠明白，**他所承受的一切都是自己應得的**，所以縱使遭到迫害，也不會去責怪那些迫害他的人；他知道，他們只不過是用來懲罰自己的工具罷了。

因此，他會平靜的接受應得的報應，並耐心償還在道德方面所欠下的債務。

但這還不夠！

良善之人不能光是償還這已欠下的道德債，還得戰戰兢兢讓自己不要再欠更多的債，他會隨時注意自己的言行舉止，以求行為日臻完善。

良善之人在致力消除惡業之餘，同時還會累積善業；他會終止惡行，讓人生的不幸與苦難劃下句點。

沒有永遠的好人與壞人

現在，讓我們來看看，在某些例子當中「道德因果法則」究竟如何運作，也就是——

個人的行為與品格，如何決定自己的命運。

首先，我們會看每個人目前的狀況，因為「現在」是「過去」的總和，包含了其過去所有的思想和作為。

值得注意的是：**有時好人會遭殃，壞人卻飛黃騰達**。

這似乎否定了「善有善報」的道德因果法則，因此許多人否認人間有所謂的公平正義，甚至宣稱那些飛黃騰達的大部分都是不義之人。然而，道德因果法則確實存在，並不因人們的膚淺結論而有所改變或被推翻。

我們要記住一點——人會不斷的改變與成長。

好人未必一直都很善良；壞人也未必一直都很邪惡。

許多現在很正直的人，過去曾經做過不仁不義的事；也有許多現在很和善的人，過去曾經做過凶惡殘忍的事；還有許多現在很純潔的人，過去曾經做過卑鄙齷齪的事。

相反的，許多現在偷雞摸狗的人，過去曾經十分正直；許多現在心狠手辣的人，過去曾經十分仁慈；也有許多現在心懷邪念的人，過去曾經十分純潔。

所以——

好人之所以會遭殃，乃是因為從前做過一些壞事，因此現在必須付出代價；但之後便有可能因為目前所做的善事而享福。

壞人之所以會飛黃騰達，乃是因為過去做過一些好事，所以現在才得以享福；但之後就會因為如今所做的壞事而遭殃。

心靈慣性

所謂「特質」，指的是一個人心靈所具有的慣性；心靈慣性是其行為所衍生的產物。

一件事如果重複做了許多次，就會變成機械性的反射動作。

也就是說，做的人似乎不需要任何努力就能做出這件事來，因此對他而言，不去做它幾乎是不可能的。

於是，這就變成一個人的心理特質。

先轉念，才能改變命運

假設有一個窮人失業了，他平日為人誠實，也不偷懶，雖然很想有份工作，但一直找不到；他也很努力謀職，卻總是徒勞無功。

像他這樣的人，為什麼會有這樣的命運呢？

這是因為他過去曾經有許多工作可做，但覺得負擔太重，於是便都推託了，他渴望自己能過上安逸的日子，心裡想著如果能什麼事都不用做，這樣的人生該有多快活呀！

他當時是身在福中不知福，而他渴望擁有安逸生活的心願現在果然得到了滿足，只不過，原以為這種生活的滋味必然甜美，沒想到真正嚐到之後才發現竟如此苦澀不堪。

之前希望能夠無所事事，現在這個目標如願實現了，除非他能夠徹底得到教訓，否則這樣的情況勢必會持續下去。

失業至今，他必然已經明白，長期處於安逸狀態有損一個人的尊嚴；無所事事是很痛苦的，而工作是高尚的，也是一種福氣。之所以會有如此處境，皆因之前的想法和行為所造成；如今轉念想要工作，並且四處謀職，這樣的想法與行為將來也必然會帶來好的結果。

既然現在已經不再想過閒散安逸的日子，自然就不再種下造成目前困境的「因」，因此很快就能脫離現況、找到工作。

如果現在一心只想工作，並且視此為人生最重要的目標，那麼當時機成熟時，工作機會就會從四面八方湧現，多得讓人接不完，同時也會做得有聲有色。

此時，人如果不了解世間的因果法則，反倒會納悶：為何有這麼多工作機會自動找上門，而其他努力謀職的人卻找不到工作？

事實上，**沒有任何事物是不請自來的**。

凡有影子之處，必然也有實體。發生在一個人身上的事情，都是自身行為所造成的結果。

一個人如果能認真勤奮、開開心心的工作，就會有更多的工作可做，並且日趨富足；一個人如果偷懶怠工或做得心不甘情不願，工作機會就會愈來愈少，事業也會走下坡。

因此，每個人的人生境遇——也就是他的命運——都是由自己的想法和行為所造成。性格亦是如此，世人的性格有千百種，率皆由個人的行為所造就。

也能決定國家命運

「種瓜得瓜，種豆得豆」的道理，不僅適用於個人，也適用於國家。

當一個國家擁有正直不阿的領導人時，國必日益富強；當這些正直之士相繼辭世時，國則日益衰亡。

在上位者無論有德或無德，他們的存在都會成為全國人民的榜樣。

一個國家的領導人如果能先修身，讓自己養成高尚、正直的品格，並進而引導人民陶治德性、培養品格，這個國家就能長治久安、富足繁榮。因為，唯有勤奮正直、品格高尚的國民，才能使一個國家持續繁榮。

總歸來說，最重要的還是那個至高無上的道德因果法則。

它會冷靜且公正的降予世間之人其應得的命運，這些命運或喜或悲，率由個人自身打造而成。

生命是一所鍛鍊品格的偉大學校。

所有生活於其間者，必會透過一次次衝突和掙扎、罪惡和美德、成功和失敗之行為，逐漸**習得決定命運的智慧**。

優化命運Q&A習慣

1 人有＿＿＿，應該為自己的命運負責。

2 在命運和自由意志兩個看似矛盾的極端之間，必然有一個「＿＿＿」可以平衡兩者，並補其不足。

3 在人的生命中，「命運」和「自由意志」都確實存在，但它們只不過是「＿＿＿」的兩個面向。

4 能夠選擇那個「＿＿＿」，此即「自由意志」，但不能選擇、改變或避免隨之而來的「＿＿＿」，此即「命運」。

5 人們確實註定會有某些下場，但那是＿＿＿造成的。

6 一個人的品格，是由今生的各種＿＿＿累積而成。

7 良善之人在致力消除惡業之餘，會同時累積＿＿＿。

解答

❶自由意志 ❷中道 ❸道德因果法則 ❹因，果 ❺自己 ❻行為 ❼善業

Chapter 2

「自我」控制

這個時代有一門科學逐漸沒落，
甚至幾乎為人所遺忘，
然而，如果沒有它，
所有其他的科學，
都只不過是在促成自身的毀滅罷了。

我們生活在一個**科學時代**。

失落的自制科學

從事科學工作的人成千上萬，他們無休無止的進行研究、分析、實驗，以期發現新事物並增進人類的知識。各地公私立圖書館的書架上，擺滿了琳琅滿目的科學書籍，無論在家中、街上、鄉村、城市、陸地或海上，我們都可以看到令人讚嘆的現代科學成就，包括各種讓生活更加舒適、行動更加快速或更能節省精力的新式科學設備。

然而，我們雖有如此大量的科學知識，以及各種急遽增加的驚人發現或發明，但在這個時代卻有一門科學已逐漸沒落，甚至幾乎為人所遺忘。

它是一門非常重要的科學，**其重要性甚至大於其他所有科學的總和**。

如果沒有它，所有的科學都只不過是在幫助人們滿足自私的慾望，促成自身的毀滅罷了。

我指的這門學問是——**「自制的科學」**（The Science of Self-control）。

現代科學家所研究的是，自身之外的各種元素與力量，目標是希望能夠加以控制並利用。

古人研究的則是，自身之內的各種元素與力量，為的也是要加以控制與利用。他們當中出現了不少精通這方面知識的大師，至今仍被眾人奉若神明，而當今的各大宗教組織，就是以他們的成就為基礎創立而成。

大自然的力量固然令人讚嘆，但仍遠不及**人心的力量**。

人的聰明才智，可以控制並引導大自然盲目的、機械性的力量。因此，我們如果能夠了解、掌控並引導內心的各種力量，包括激情、慾望、意志和才智，就可以掌握個人和國家的命運。

這門神聖的科學正如一般的科學，也有成就的高下之分。一個人愈能**自我克制**，他的學識就愈淵博，人品就愈高尚，對這個世界的影響力也愈大。

學習自制是條孤獨長路

能夠了解並掌控大自然力量的人，是自然科學家。

能夠了解並掌控內心力量的人，則是性靈科學家。

求取外在事物知識時所適用的法則，同樣也適用於求取內心的知識。一個人不可能只花幾個星期、幾個月、甚至幾年的時間，就成為一個有成就的科學家。唯有經過多年的努力研究，才能建立專業權威，躋身於大師之林。同樣的，一個人唯有經過多年鍥而不捨的努力，才能夠學會自制，進而擁有那些**為人帶來智慧與平安的知識**。

此外，內心的學習必須一個人默默努力，不為他人所了解和欣賞，因此做起來格外不容易。

要追求並獲得這門學問的人必須學會如何自立，不受外界影響，並且在沒有任何物質報酬或名利的情況下持續努力。

自然科學五步驟

自然科學家在追求有關大自然的知識時，會依照下列五個步驟進行：

觀察

持續且密切的觀察大自然的現象。

實驗

經過屢次觀察，熟知大自然的若干現象後，針對這些現象做實驗，以便發現其中的法則；針對相關資料進行嚴密的分析，找出無用和有用的部分，丟棄前者，保留後者。

分類

在進行無數次的觀察與實驗，收集了大量事實並加以查證之後，開始將這些事實分類，並依序編組，以發現它們背後所隱藏的某個共通的規則。

推論

至此進入第四個步驟「推論」，根據眼前的事實和結果，發現了若干恆定的作用模式，從而揭示從前不為人知的法則。

知識

證明並確立若干法則後，就可以稱得上是一位科學家了。

追求知識的真正目的

獲得知識固然很了不起，卻不是我們最終的目標。人追求知識的目的並不光是為了自己，也不是為了要把這些知識藏在心裡，如同裝在黑色箱子裡的一件美麗珠寶。

人追求知識的真正目的，應該是**利用知識為人類服務，以增進世人的安康與幸福**。因此，當一個人成了科學家之後，會用知識來造福這個世界，並將工作成果全部無私的奉獻給世人。

所以，一個人在獲得知識之後，還必須加以**運用**。也就是說，他應該**毫無私心**的、以**正當**的方式運用所獲得的知識，並以這些知識發明一些事物，藉以增進人類共同的福祉。

請注意，**自然科學的五個步驟具有一定的次序**。

一個人如果想成為一位科學家，便無法省略其中任何一個步驟。

舉例來說，他如果沒有按照第一個步驟，進行有系統的觀察，就會對大自然的奧祕毫無所悉。

追尋科學知識的人，最初面對的是各式各樣尚不了解的事物，其中有許多看似彼此對立、互相矛盾，因此顯得一團混亂。

但他會懷著耐心，勤奮的遵照以上這五個步驟進行研究，終至看出它們之間所存在的秩序、本質與核心，發現一個或數個使這些事物得以和諧共存的中心法則，進而終結混亂與無知。

性靈科學家的作法也是如此。

為了了解自己，培養自制能力，其必須懷著忘我的精神，勤奮的遵循五個步驟努力修行。

這五個步驟和自然科學家所遵循的程序相同，但**目標相反**。

性靈科學家關注的並非外在的事物，而是自己的心靈；其所研究的領域是自己的心靈，而非物質世界。

追尋性靈知識的人，最初所面臨的是自身的各種慾望、衝動、情緒、意念與想法；一生中所採取的行動，都是出自於這些慾望、衝動、情緒、意念與想法，它們是種種行為的源頭。

這些無形且強大的力量匯聚在一起，顯得頗為混亂。

有些力量顯然彼此衝突，無法和諧共存。

此時，人的心靈及其本著這樣的心態所過的生活，似乎也和周遭許多人格格不入。

生活在如此痛苦與混亂之中，勢必亟思逃離。

人會開始強烈意識到自己的無知，這乃是追求知識的第一步。

一個人如果認為，自己不需要透過學習或努力就能擁有知識，那麼無論是有關大自然或性靈方面的知識，他都不可能獲得。

性靈科學五步驟

人一旦察覺自己的無知，便開始渴望擁有知識，於是會設法依照下列五個科學步驟來提升自己：

內省

這個步驟相當於自然科學家所進行的「觀察」。此時的他開始用他的**心靈之眼**，像探照燈那般燭照著自己的內心，觀察它那持續且微妙的變化，並且詳細加以記錄。

當一個人能夠像這樣暫時放下一己的慾望、對聲色之娛和世俗名利的追求，試圖觀察並了解自我本性時，他便走上了自我克制的道路。

他之前一直受本能的衝動所驅使，成為一個盲目且軟弱的人，進而淪為外境的俘虜；現在，他開始嘗試克制自己的衝動，不再受制於它們，而是開始掌握主導權。

自我分析

觀察到自己心中經常浮現的想法之後，先密切的加以檢視，再進行嚴密的分析，以區分不好的想法（造成痛苦與煩惱的那些想法）與好的想法（帶來平靜與安寧的那些想法）。

於是，人能逐漸了解，各種不同的想法會使人採取哪些不同的行動，而這些行動又會造成哪些不同的結果。最後，終於得以看出，這些不同的想法如何快速且微妙的相互作用，進而造成深遠的影響。

這個過程就叫做**「測試與證明」**（testing and proving）。這是追求性靈知識的人以自身做實驗，並嘗試證明自己若干推論的過程。

調整

到此階段，應該已經看清自己本性中的每一個癖性和面向，包括心中最深處的衝動和最難以捉摸的動機。

也就是說，這時已經用自我檢視之光探索並照亮心中的每一個角落。

至此，可說是已非常熟悉自己每一個軟弱、自私的地方，以及每一個長處和美德。一個人若能**以他人的眼光來看待自己**，其實已經具有很高的智慧，但若想學習自制，要做的遠遠不止於此。

除了學會以他人的眼光來看待自己之外，更要**如實的看待自己**。

一個人必須誠實的面對自己，不故意忽略自身任何一個不為人知的缺陷，不再用別人的阿諛之辭為自己辯解，不再低估或高估自己的價值或能力，也不再自我吹噓或自我憐憫。

如此一來，他才能夠充分了解自己眼前的任務是如何艱鉅，知道自己必須做什麼才能達到學會自制的目標。

這時內心已經不再處於混亂狀態，因為看出了思想世界裡運作的那些法則，於是開始根據這些法則來調整自己的心靈，此過程叫做「**除草、過濾與淨化**」。

正如同農夫拔除野草、整理土地、準備種植作物一般，人也必須拔除自己心中邪惡的雜草，適時清理並淨化心靈，準備播下善行的種子，以便過著有條有理的人生。

正義

當一個人根據上述法則（他之所以感到痛苦、快樂、不安、平靜、憂傷或幸福，都與這些法則有關）去調整自己的想法與行為後，便會發現——這些法則當中有一個**「至高的中心法則」**（Great Central Law）。

它就像自然界的「萬有引力定律」一樣，是心靈世界的至高法則，所有的思想與行為都離不開這個法則，並且都受到它的規範。

這便是放諸四海而皆準、至高無上的——「公平正義法則」。

從現在起，服膺這個法則，不再放任個人本性受到外境的刺激或吸引，不再不經思索、盲目行事，而是依照這個法則思考和行事。

如此一來，他做事便不會再以自我為中心，而是為所當為。他也不再是個可憐的奴隸，受制於自己的天性和外在的環境，而是成為了自身天性和外在環境的主人。

至此，人不再被心中的那些力量帶著走，因為他已能控制並引導這些力量，用來達成他的目標。

由於他能夠掌控並征服自己的本性，讓自己沒有任何違反公平正義法則且會導致痛苦與挫折的想法，也不做出任何這類的事情，所以，他不會為罪惡、憂傷、無知與懷疑所困，因而能成為一個從容、安詳、充滿力量的人。

藉著正確的思考與正確的行動，以自己的體驗證明那神聖的性靈法則確實存在——無論對於個人或國家，那神聖的性靈法則都是人類事務的最高指導原則。

就這樣，人藉著學習自制，獲得了有關人類性靈的知識，就像那些自然科學家一般，進入了知識的殿堂。

至此，人已然通曉自制之道，並且獲得有關心靈的知識，不再蒙昧無知；他的生命也變得秩序井然，不再一團混亂。而且，其**內心所獲得的有關自我的知識也適用於全人類**，因為所有人的心靈在本質上都是相同的，只是程度有別，但都根據同一個法則運作。同樣的想法與行為，無論出自於任何人，必然都會造成同樣的結果。

高於知識的智慧

然而，正如同自然科學家的例子，人之所以追求這些能夠帶來平靜的性靈知識，並不只是為了自己，否則人類就無從進化。事實上，**一個人若只為了自身的快樂而追求這些知識，那勢必無法達到目的**。

因此，在步驟五「純粹的知識」之後，**還有一個步驟，那便是「智慧」**。

所謂「智慧」，就是正確合宜的運用所得到的知識，全然無私、毫不吝惜的與世人分享你的成果，以便加速人類的進步，使世人得以向上提升。

人們如果未曾檢視自己的本性，並努力克制、淨化自己的心靈，便無法明辨善惡是非。

他們會不斷的追求那些以為會帶給自己快樂的事物，並試圖避免那些會帶來痛苦的事物。若人的所作所為都是為了自我，那唯有在經歷一次又一次的苦難、並受到自我的良心譴責後，人才會稍微知道自己該怎麼做。

一個人若能經由上述五個步驟（五個成長階段）學會自我克制，便能認識使整個宇宙得以存續的道德法則，並依此行事；他能夠明白善惡是非，因而得以過著合乎道德的生活。

至此，人不再需要考慮自身的好惡與苦樂，只是為所應為；他的思想言行都沒有違反自己的良心，因此也不會有任何悔恨。

一旦心靈與偉大的**道德法則**合而為一，人便不再受苦，也不再犯下任何罪行。對他來說，「惡」已終結，一切皆「善」。

優化命運Q&A習慣

1 如果沒有＿＿＿＿的科學，所有的科學都只不過是在幫助人們滿足自私的慾望，促成自身的毀滅罷了。

2 大自然的力量固然令人讚嘆，但仍遠不及＿＿＿＿的力量。

3 自然科學五步驟：觀察→＿＿＿＿→分類→推論→＿＿＿＿。

4 人們追求知識的真正目的，應該是利用知識為人類＿＿＿＿，以增進世人的安康與幸福。

5 性靈科學五步驟：內省→自我分析→＿＿＿＿→＿＿＿＿→純粹的知識。

6 除了學會以他人的眼光來看待自己之外，更要如實的＿＿＿＿。

7 內心所獲得的有關自我的知識也適用於＿＿＿＿，因為所有人的心靈在本質上都是相同的，只是程度有別。

8 在第五個步驟「純粹的知識」之後，還有一個步驟，那便是「＿＿＿＿」。

解答

❶自制 ❷人心 ❸實驗，知識 ❹服務 ❺調整，正義 ❻看待自己 ❼全人類 ❽智慧

Chapter 3

覺心觀照

人的權力只及於自身的行為，
禍福也是取決於自身的行為。
一個人如果明白了這個事實，
生命就會變得簡單、清楚、明確。

歷來科學家所公認的一個定律是——凡有果，必有因。

我們將這個定律運用在人類行為的範疇，就會看出「**公平正義法則**」。

宇宙最完美的設計

在物質宇宙中，小至一粒微塵，大至最大的恆星，每個部分都處於無比和諧的狀態。這是所有科學家都明白、而且全人類如今也都相信的一個事實。

在宇宙的每一個地方，都可以看到精細調校的現象。

在太空中轉動的恆星多達數百萬個，每一個恆星都有行星環繞。

此外，太空中有廣闊的星雲和無數流星，還有為數眾多的彗星，以不可思議的速度穿越無邊無際的宇宙，而這一切都有條不紊、井然有序地進行著。

在大自然中，儘管生命存在著眾多面向，有著形形色色、不可計數的各種生命形式，然而，這些生命都明確受到特定法則的限制，因此得以避免混亂，永保和諧。

這種和諧的狀態如果能夠被任意破壞，哪怕破壞的只有一小部分，整個宇宙都將不復存在，只剩下一片渾沌。

所幸，在這依照法則運行的宇宙中，不可能有任何一個人的力量能超越、脫離或高過這個法則，也不能夠違抗它或忽視它的存在——因為所有生靈，無論是人或神，都是依此法則才能存在。

地位愈高、德行愈好、愈有智慧的人會愈加順服這個法則，因為它高於所有的智慧，是宇宙最完美的設計。

世間所有的事物，無論有形或無形，都順服這個無窮的、永恆的**「因果關係」**法則。

不僅可見的事物依據此一法則運作，所有不可見的事物——人們的想法與行為，無論是否為人所知——也無法背離這個法則。

因果的公平正義

「善有善報，惡有惡報。」

「公平正義」是宇宙賴以存續的法則，也是規範人類生命與行為的準則。

生命中的種種境遇，都是人類的行為根據這個法則運作所造成的結果。

一個人能夠選擇要啟動哪些「因」，但無法改變那些因所造成的「果」。

人能決定自己要有哪些想法、要做出哪些行為，但無法改變這些想法和行為所造成的結果，因為這些結果是由那至高的「公平正義法則」所控制。

人有行動的權力，但是，一旦採取了行動，其他的事情就不在自己的掌握之中，也無法改變、消去或逃脫那項行動所帶來的結果。

邪惡的念頭和行為會導致災禍與痛苦；良善的想法和行為會帶來福報。

因此，人的權力只及於自身的行為，禍福也是取決於自身的行為。

一個人如果明白了這個事實，他的生命就會變得簡單、清楚、明確，也會自動改邪歸正，得到無上的智慧，並遠離罪惡與苦難。

生命數學題

人生就像一道數學運算題。

對於一個尚未掌握訣竅、無法得出正確答案的學生而言，人生是一道令人困惑的難題；一旦發現並掌握箇中訣竅，它就變得極其簡單。做錯一道題目的方法，可能有幾十種乃至於幾百種，但**可以得到正確解答的方法只有一種**。

一個人如果能充分體認這個事實，就會明白——

生命就像一道數學題，可以很簡單，也可以很複雜。

當一個學生找到正確的解題方式之後，就會立刻知道這個方法才是對的。這時，他的內心不再感到困惑，並且知道已經解決了問題。尚未得出正確的答案時，很多人可能會認為自己的解題方法是正確的，只是還不太確定，而這是很常見的現象；此時，人的心中依然會有困惑。如果是認真、聰慧的學生，經過老師指點，就會立刻發現自己所犯的錯誤。

人生也是如此，人們可能自以為自己的生活方式是正確的，但實際上卻一直過著錯誤的生活。**一個人只要心中仍然存在著疑惑與痛苦，其實這就表示這個人尚未找到正確的生活方式。**

有些愚笨、粗心的學生並不是真正懂得數學運算，於是隨便拿一個答案來湊數，但有經驗的老師很快就能抓出其中的錯誤。

人生也是如此，你不可能捏造任何結果，因為所有的虛假都會被那「至高的法則」揭穿。

五乘以二必會得出十，再多的無知、愚蠢或錯覺，也不能使它變成十一。

一念善惡，一念禍福

一個人如果觀看一塊布的表面，看到的只會是一塊布；但如果進一步研究它的織法，並且仔細專注的察看，就會發現它其實是由一條條的線組合而成。

這些線雖然相互交錯，但每一條線都各自獨立，並未和旁邊的線相混。正是因為這些織線井然有序，毫不紊亂，最後才能成為一塊布。如果它們雜亂的混在一起，最後就會變成廢物或一塊毫無用處的破布。

你只能為自己的行為負責

生命就像一塊布，組成這塊布的紗線就是每個人的生命。這些線雖然相互交錯，但並不混淆，並且各有各的方向。

每個人都承受著自身而非他人的行為所造成的後果。

每個人所走的路線其實簡單而明確，這些路線加在一起，便形成一個複雜和諧、井然有序的整體。

在這當中，還包括了：作用力與反作用力、行為與後果，以及種種的「因」與「果」。

而且，**所有的反作用力、後果和「果」，必然會與其作用力、行為和「因」相當。**

粗劣的材料無法做成一塊經久耐用、令人滿意的布。

同樣的，自私的想法和敗德的行為，也無法構成一個美麗有用、經得起時間考驗和細心檢視的生命。

每個人生命中的成功與失敗都由自己決定，而非取決於周遭的人或任何外在的事物。

人腦海中的每個念頭及所做的每一件事，都是一條或良或窳的紗線，不只會被織進生命的服裝裡，而且必須將這套親手縫製的服裝穿在身上。

因與果分不開且同時發生

人毋須為周遭旁人的行為負責，也無法約束他們。人只能為自己的行為負責，也只能自我約束。

「有關罪惡的問題」（the problem of evil，指「慈愛的上帝怎能容許罪惡存在」），答案其實就在人自身所做的壞事中。當惡行消失，這個問題就解決了。

哲學家盧梭曾經這樣說過：「人哪，不要再追尋罪惡的起源了；你自己就是起源。」

「因」與「果」是分不開的；兩者性質也不可能相異。

思想家愛默生說：「公平正義不會延遲到來；生命的每一個部分都是完全公平的。」

此話有個很深刻的意涵——

「因」與「果」是同時發生的，而且兩者一體。

因此，當一個人產生一個殘忍的念頭，或是做出一件殘酷的事情時，**當下**就已經傷害了自己的心靈。

此時，他已非前一秒鐘的那個人，而是變得邪惡一些，也變得痛苦一些。

若他持續產生不好的念頭並做出這類行為，就會變成一個殘忍且痛苦的人。

相反的，一個人如果懷著仁慈的念頭，或是做出一個仁慈的行為，就會立刻變得較為高尚且快樂，比之前的那個自己更好。如果持續做這類良善美事，就會成為一個高貴且快樂的人。

愈不順，愈要觀照自身

根據這絲毫不爽的「道德因果法則」，每一個人的功過、貴賤、禍福都取決於自身的行為。

一個人有什麼樣的想法，就會做出什麼樣的事情。

一個人做出什麼樣的事情，就會成為一個什麼樣的人。

如果眼下對人生感到迷惑、痛苦、焦慮或不幸，就應該多觀照自身，因為**人類所有的煩惱都源於自己**。

優化命運Q＆A習慣

1 人的權力只及於＿＿＿的行為，禍福也是取決於＿＿＿的行為。

2 生命就像一道＿＿＿，可以很簡單，也可以很複雜。

3 人哪，不要再追尋罪惡的起源了；＿＿＿就是起源。

4 「因」與「果」是＿＿＿的，而且兩者一體。

5 如果眼下對人生感到迷惑、痛苦、焦慮或不幸，就應該多＿＿＿，因為人類所有的煩惱都源於自己。

解答

❶自身，自身 ❷數學題 ❸你自己 ❹同時發生 ❺觀照自身

Chapter 4

意志的力量

一個人唯有養成堅定不移的性格，
才能在當下過得快樂，
並享有恆久的幸福。

人最重要的責任

一個人如果沒有堅毅的心靈，就不可能成就大事。

人最重要的責任之一，就是**讓自己養成堅定不移的性格**，也就是我們俗稱的「意志力」。

一個人唯有養成堅定不移的性格，才能在當下過得快樂，並享有恆久的幸福。無論追求的是世俗的功名或靈性的修為，都必須有一個堅定的目標。否則，他注定會過著不幸的生活，不僅無法自立自強，還必須倚賴他人的支持。

有些人在媒體上刊登廣告，宣稱他們能以玄祕的方法教導人們如何培養意志力，把這件事搞得很神祕，而且收費往往都很高昂。

但事實上，我們只要憑藉一些實際可行的方法，就可以鍛鍊自己的意志力，而這些方法一點也不神祕。

從日常七事做起

要培養意志力，**唯有從日常生活中做起**，而且方法非常簡單又顯而易見。但大多數人都一味的尋求那些複雜、神祕的方法，反倒對它視而不見。

我們只要稍做邏輯性的思考，必然會信服——一個人不可能同時既軟弱又強壯。人只要持續受制於那些軟弱的習性，就不可能發展出堅強的意志力。因此，要培養強大的意志力，唯一、也是最直接的方法，便是**面對自己的弱點，並加以克服**。

所有培養意志力的方法，都已經存在於我們的心靈與生活中，關鍵在於我們性格中軟弱的那一面。只要克服自己軟弱的那一面，就能培養出必要的意志力。

當人明白了這個簡單的道理，就會發現所有培養意志力的方法，都包含在以下這七個守則中：

1 擺脫壞習慣。
2 養成好習慣。
3 全神貫注於手邊必須做的工作。
4 必須做的事就要立刻動手，並且積極的做。
5 生活要有規律。
6 言語要謹慎。
7 管住自己的心思。

無論任何人，只要能認真思考以上七個原則，並勤奮的付諸實行，必然能養成堅定的意志力與決心，使他得以順利解決生活中的每一個困難，並通過所有的危難。

擺脫壞習慣

要培養意志力，第一步就是「擺脫壞習慣」。

這並不是一件容易的事，需要做出很大的努力，或者不斷的嘗試。

唯有如此，才能激發並強化意志力。

如果不願踏出第一步，便無法增強自己的意志力。因為，一個人如果因貪圖眼前的歡樂，而受制於某個壞習慣，這無異是**自願放棄自我管理的權利**，讓自己**淪為一個沒有力量的奴隸**。

一個人如果不想自律，卻到處尋求那些能增強意志力的「偏方」、讓自己毋須做出任何努力，這無異是在欺騙自己，也會削弱其原有的意志力。

培養好習慣

當人擺脫了壞習慣之後，意志力便會增強，此時即能開始著手第二守則「培養好習慣」。

要擺脫一個壞習慣，只需要有堅定的決心就可以做到；但要養成一個新的習慣，則需要**將自己的決心用在正確的方向**。

要做到這點，必須讓自己保持在心智活躍、充滿活力的狀態，而且必須經常留神觀察自己。

全神貫注於手邊必須做的工作

如果能成功做到第二守則，就不難做到第三守則「全神貫注於手邊必須做的工作」。

在增強意志力的過程中，不能忽略**「做事認真且仔細」**這個步驟。

一個人如果做事草率馬虎，那就表示他個性軟弱。

因此，即便所從事的只是一件微不足道的工作，都應該力求完美。

當人在做每一件事情時，都能夠全神貫注、不會分心，他就會逐漸變得目標專一、心思集中。

目標專一且心思集中會使人變得性格沉穩、品德高尚，並且安詳而喜悅。

必須做的事就要立刻動手，並且積極的做

第四守則「必須做的事就要立刻動手，並且積極的做」也同樣重要。因為，懶散的態度和堅強的意志力是相互牴觸的。

一個人如果拖延成性，就不可能採取果斷的行動。

無論做什麼事，都不應該拖延，即便只有幾分鐘那也不行——

現在該做的事情就要馬上去做。

這一點看似無關緊要，卻影響深遠，能夠讓人獲得力量、成功與安寧。

生活要有規律

一個人如果要證明自己的意志力，那就必須根據一定的規範過日子；必須克制內心的激情與衝動，不能任由自己受到它們的驅使、盲目行事。

人應該依照自己的原則過活，而非按照激情來生活。

人應該決定自己要吃什麼、喝什麼、穿什麼；不要吃什麼、喝什麼、穿什麼；一天要吃幾餐、何時進食、何時上床、何時起床。

應該從日常生活中訂下一些規矩，適當的管理自己在各方面的行為，並且認真的加以遵守。

人若活得放蕩率性，為了滿足自己的慾望和喜好，而**隨意大吃大喝或縱情聲色，便與禽獸無異**，不是一個有理性、有意志力的人。

人必須克制並馴服心中的獸性。

要達到此一目的，必須根據某些合宜的行為規範，來鍛鍊心靈並管理自己的生活。

聖徒之所以能夠成聖，那是因為他從不違背自己的誓願。一個人如果能依據良好的規範生活，就會有足夠的力量實現自己的目標。

言語要謹慎

在能夠完全掌握自己的言語之前，必須奉行第六守則「言語要謹慎」，不要說出任何帶著牢騷、憤恨、火氣或惡意的話語。

一個意志堅強的人，不會允許自己說話不經大腦、口無遮攔。

管住自己的心思

如果能認真奉行以上六個原則，自然會進入第七守則，也是裡頭最重要的部分，那就是「管住自己的心思」。

自我克制乃是生命中最重要的一件事，但也最不為人所了解。

然而，一個人如果耐心的奉行上述守則，而且能夠完全做到，就可以藉由親身的體驗和努力，學會如何控制並鍛鍊自己的心靈，進而獲得**人類最寶貴的一項特質**——堅定不移的意志力。

優化命運Q&A習慣

1 人最重要的責任之一，就是讓自己養成堅定不移的性格，也就是我們俗稱的「＿＿」。

2 無論追求的是世俗的功名或靈性的修為，都必須有一個＿＿。

3 要培養意志力，唯有從＿＿中做起。

4 要養成一個新的習慣，則需要將自己的決心用在＿＿。

5 人必須克制並馴服心中的＿＿。

解答

1 意志力 2 堅定的目標 3 日常生活 4 正確的方向 5 獸性

Chapter 5

認真仔細更有影響力

許多人並不了解生命中小事的重要性，
以致工作做得不好，
生活也不快樂。

所謂「認真仔細」，就是**把小事當成世上最重要的大事來做**。

小事不小

許多人並不了解生命中的小事的重要性。

人們之所以不認真、不仔細，以致工作做得不好，生活也不快樂，主要就是因為他們認為小事可以被忽視、被擱置或草草解決。

事實上，世間的所有大事，都是由小事匯集而成；倘若沒有小事，就不會有大事出現。一個人如果明白了這點，就會開始留意過去那些曾被他認為是微不足道的事情。

這時，人會開始認真仔細的做事，因而成為一個有用且具影響力的人。

一個人做事是否仔細周到，可能會決定自己的生活是過得平靜且充滿力量，還是活得悲慘而軟弱。

做事不能敷衍了事

世界上每個雇主都知道，做事認真仔細是相對少見的特質。

要找到做事認真積極，並且仔細徹底到令人滿意的人並不容易。

做事草率馬虎的人到處可見，只有極少數人能把事情做得完美。

縱使國家歷經「社會改革」，失業人口仍然持續增加，這大多是因為人們做事草率、粗心、散漫，而這樣的人一旦亟需就業時，就會找不到工作。

「適者生存」的法則並不殘酷，而是公平的，它是宇宙裡公平正義法則的一個面向。

為惡之人必然「多受責打」；若非如此，人類何以養成美德？

粗心懶惰者的下場，絕不可能勝過或媲美細心勤奮之人。

有個朋友告訴我，他的父親曾經這樣勸告每個孩子：

「無論你將來從事什麼工作，都要全心全意的做，並且做得仔細徹底。這樣你就不必擔心自己的前途。因為這世上粗心、馬虎的人太多，所以做事認真仔細的人永遠不愁沒有工作。」

我認識一些老闆，他們多年來一直想找心思縝密、有幹勁、勤勉認真的人，來幫忙做一些並非專業技術的工作，卻總是無法如願。

這些老闆解雇一個又一個員工，因為那些人粗心、懶散、無能，並且屢屢怠忽職守，甚至還有其他上述以外的缺點。

然而，與此同時，那些為數眾多的失業人口，卻仍然大聲抗議法律、社會與上帝對他們不公。

之所以會有這麼多人做事草率馬虎，原因不難想見——

他們都渴望享樂，不但不喜歡固定的工作，也無法好好履行自己的職責，把工作做到盡善盡美。

做在當下

不久前，我看到一個這樣的例子，而這只是許多類似案例之一——一個窮苦的婦人幾經懇求，終於得到一份責任重大但薪水很高的工作。

上了幾天班之後，她便開始談論即將去「度假」的計畫，到處說著既然已經有待遇這麼好的工作，終於能開心去旅遊了！結果，一個月之後，她因為怠忽職守、表現不佳而被開除了。

兩個物體無法同時佔據一個空間。

同樣的，人如果一心只想玩樂，便無法專心把該做的事情做好。

人的確需要有玩樂的時間，然而，在應該專心工作的時候，就不能夠去想著玩樂的事。

如果做事時仍然一直想要開心玩樂，必然會把工作搞砸，甚至可能覺得手中的工作會耽誤玩樂時間，因而選擇怠忽職守。

做事認真仔細，就是把工作做得完整徹底，做得盡善盡美。

把一件事做到毫無瑕疵，**就算不是最好，至少也不比其他人差。**

工作時必須考慮周詳，要投入大量精力，並持續把心思放在工作上。

除此之外，還要有耐心、有毅力，並且有高度的責任感。

古代的一位導師曾說：「如果有任何事非做不可，那就好好去做吧。」

另一位導師也說：「無論你要做什麼，都要盡力去做。」

半吊子教徒不如玩樂達人

一個人如果在從事世俗的工作時，無法認真仔細，那在追求靈性的事物時也將是如此——

既不會提升個人品格，在宗教方面也是個半吊子，沒有堅定的信仰；同時，也無法完成任何良善有益之事。

有人一邊追求世俗的享樂，一邊在宗教中修行，認為自己可以兩者兼得，但事實上，這種人到頭來往往兩邊都做不好、做得不徹底。

一個人與其做個半吊子的宗教修行者，倒不如全心全意當個俗人。

與其花一半的心思追求靈性，不如全心全意的追求世俗的事物。

如果做好事時，表現得既沒效率，又喜歡抱怨，倒不如認真且仔細的做自私或不好的事情。這是因為做事認真仔細的特質，能夠加速人的學習過程，使人能更快速的提升自我品格，並獲得智慧。

做事認真仔細的特質**能把壞人帶往比較好的境界**，也能讓好人做出更有用、更具影響力的事情。

優化命運Q&A習慣

1. 所謂「認真仔細」，就是把＿＿＿＿當成世上最重要的大事來做。
2. 「＿＿＿＿」的法則並不殘酷，而是公平的，它是宇宙裡公平正義法則的一個面向。
3. 這世上粗心、馬虎的人太多，所以做事＿＿＿＿的人永遠不愁沒有工作。
4. 把一件事做到毫無瑕疵，就算不是最好，至少也＿＿＿＿。
5. 一個人與其做個半吊子的宗教修行者，倒不如全心全意當個＿＿＿＿。
6. 做事認真仔細的特質，能夠加速人的＿＿＿＿過程，使人能更快速的提升自我品格，並獲得＿＿＿＿。

解答

❶小事 ❷適者生存 ❸認真仔細 ❹不比其他人差 ❺俗人 ❻學習，智慧

Chapter 6

心徒「四壁」也堅強

如果你的心靈是一間偷工減料蓋成的房舍，
經常被「煩惱」的雨水滲透，
被「失望」的強風吹襲，
那你就該努力建造一座更宏偉的宅邸，
以便遮蔽心靈的風雨……

你的意念建構你的心靈

大自然的萬物和人類創造的事物，都是透過「建構」的過程產生的。

岩石是由許多原子建構而成；植物、動物和人類是由細胞建構而成；房子是由磚塊建構而成；書本則是由文字構成。一個世界是由許多形體組成，城市則是由許多房屋組成；一個國家的藝術、科學和制度，是許多人努力建構的結果；一個國家的歷史，則是由它的所有作為所構成。

有「建構」必然就有「解構」，兩者交替發生。

已經發揮效用的老舊形體會被拆解，其中的材料會被用在新的組合中；「整合」和「分解」兩者交替互補。

在所有複合生物體當中，老舊的細胞會不斷的分解，新的細胞會形成，並取而代之。

同樣的，人造物品也需要不斷更新，直到它們變得老舊無用為止。屆時，它們就會被拆解，以便有更好的用途。

在大自然中，「解構」和「建構」這兩個過程被稱為「死亡」與「出生」；在人造物品中，則被稱為「破壞」與「重建」。

這個二元的過程普遍存在於有形的事物中，也普遍存在於無形的事物中。

正如同身體是由細胞構成的、房屋是由磚塊建造的，一個人的心靈也是由各種意念組成的。

每個小思維都是心性的建材

人們在性格上的不同，只不過是由各種想法所形成的不同組合罷了。

於是乎，我們可以看出「人的心如何思量，其為人就是如何」（As a man thinketh in his heart, so is he.）這句話的深刻意涵。

一個人的性格，乃是他**固定的思考過程**。

之所以用「固定」來形容，那是因為這些想法已經成為個人性格中根深蒂固的一部分。

想改變或去除某些性格特質，只能慢慢靠著意志力和高度的自律來達成。

一個人之所以會形成今天的性格，就像一棵樹逐漸長大、一棟房屋被建造出來一樣，是在過程中不斷添加新材料的結果，而那個材料就是**「思想」**。

一座城市是用數以百萬計的磚塊建造出來的，一個人的心靈與性格則是以數以百萬計的想法構築而成。

無論自覺與否，每個人都是自己心靈的建築師。

只要是人，必然會思考，其每一個想法都是用來建造心靈大廈的一塊磚頭。

許多人在「砌磚」時總是輕率隨意、漫不經心，因此，他們建構出來的性格往往搖搖欲墜、毫不穩固，只要一**被「煩惱」、「誘惑」的強風吹拂，很容易就會倒塌**。

有些人則用大量不潔的思想來建構自己的心靈。

這些不潔的思想等於是破碎的磚塊，放進心靈之屋後，很快就會粉碎，因此他們建造出來的房屋必然不完整也不美觀，無法為房子的主人提供一個足以遮風避雨的安適居所。

耐用的磚頭

一個人如果老是擔心自己的健康，身體就會變得虛弱；如果一心追求不正當的娛樂，就會變得委靡不振；如果總是擔心自己會失敗，就會變得軟弱無力；如果一味自我憐憫或自我吹噓，則會變得令人厭惡。這類想法都好比無用的磚塊，不能用來建造堅固的心靈殿堂。

那些經過明智選擇且被放在適當位置的純淨想法，則是耐用的磚塊。它們永遠不會破碎，可以迅速建造出一棟完整美觀的建築，讓房子的主人能擁有一個安全舒適的避風港。

充滿力量、自信和責任感的想法會令人振作奮發，對開闊、自由、無私生活的嚮往能鼓舞人心。這些都是有用的磚塊，足以用來建構一座堅固的心靈殿堂。

心靈的豪宅

不過，要建造這樣一座殿堂，必須先**破除陳舊無用的慣性思維**。

「歲月飛逝啊，快為自己蓋一座更棒的豪宅吧！」

每一個人都是自己的建築師。

如果你的心靈是一間偷工減料蓋成的簡陋房舍，經常被「煩惱」的雨水滲透，被「失望」的強風吹襲，那就應該開始努力建造一座更宏偉的宅邸，以確保能為你遮蔽心靈的風雨。

人如果不自己承擔這份責任，反而將種種問題怪罪於魔鬼、祖先或其他人事物，那他就是一個軟弱、沒有擔當的人。

這種作法並不會過得比較舒服，也無法幫自己建造一個更好的居所。

當人意識到自己的責任，並且了解自己所具有的力量時，就會開始以真正的工匠精神為自己建造一座心靈的殿堂，養成一個均衡而完整的品格。

這樣的品格將會流傳後世，為他的子孫所珍視；除了為此生提供永遠的保護之外，在辭世之後，也將繼續庇護許多在人世中掙扎的靈魂。

心之四壁

整個有形的宇宙，都是依據少數幾個數學法則建構出來的。

人類在物質世界的所有精彩作品，也都是嚴格遵照少數幾個基本原則所創造出來的。

同樣的，**人只需要明白並應用幾個簡單且基本的原則**，就可以過著成功、快樂、美好的生活。

一個人如果想建造出可以抵擋強風暴雨的房屋，那就必須依照幾個簡單的數學原理或法則，例如正方形或圓形等。如果忽略了這一點，他所建造的大廈甚至會在它完工前就倒塌。

同樣的，一個人如果想過著有成就、有影響力、足為他人楷模的生活，無懼「逆境」與「誘惑」的強風暴雨侵襲，那麼，他就必須遵循幾個簡單、不變的道德原則。

這原則便是——

「公平」、「正直」、「真誠」與「仁慈」。

這四個道德原則之於生活，正如正方形四邊之於建築物。

一個人如果忽視這四個原則，想藉著不義、欺騙和自私的手段獲得成功、快樂與安寧，那就像是一個建築師無視於幾何線條的排列，就想造出一棟堅固耐久的房子一般，最終所得到的只有失望與挫敗而已。

他或許有一段時間能夠賺到錢，並且認為這些不義、欺騙的手段讓他有利可圖；但事實上，他一直過著一種極不穩定的生活，隨時都有可能垮台。總有一天，他的事業、名譽和財富都將毀於一旦，而他也將陷入淒涼孤寂的絕境。

一個人如果不遵守以上所列舉的四個道德原則，那他絕不可能過著真正成功快樂的生活。

一個人如果為人處事都恪遵這四個原則，那就不可能不成功、不快樂，就像地球只要循著正常的軌道轉動，就不可能不接收到明亮、溫暖的陽光一般。

因為人的所作所為都符合宇宙的基本法則，所以只要**把生命建構在一個不可能被改變或推翻的基礎上**，其成就自然堅固且持久，生命中的一切亦將是諧和、緊密而紮實的，不可能會被毀壞。

雪花與星球，細節即地基

宇宙間所有的形體，都由那看不見的偉大力量，精確的依照數學法則建構而成。即便在這些物體的細部，也可以看出這些數學法則的存在。

我們將這些物體放在顯微鏡底下，就可以看出——

那些微小物體的完美程度，並不亞於巨大的事物。

一片雪花的完美程度，並不下於一個星球。

因此，人在建造房屋時，也必須嚴密的注意每一個細節。

首先，必須打好地基。

這地基日後雖然會被埋在地下，不會顯露出來，但做工仍必須小心翼翼的進行，讓它成為整棟建築中最堅固的部分。

地基打好後，就能藉助於鉛垂線，把一塊又一塊的石頭和磚塊往上砌，最後才能造成一棟堅固耐久且美觀的房屋。

人的生活也是如此。

一個人如果想要擁有安定幸福的人生，避免像許多人那樣遭到不幸與失敗的命運，那就必須依據道德法則來處理日常生活的大小事務、眼前待辦的工作及各種瑣事。

他必須以真誠的態度，把每一件小事都做得仔細且徹底，不可以忽略任何一個細節。

無論是商人、農夫、專業人士或工匠，如果在做事時忽略或弄錯任何一個細節，就好比在建造房屋時少放了一塊磚或石頭，將會使結果出現瑕疵，為他帶來許多麻煩。

人們之所以會遭遇失敗和不幸，通常是因為他們**忽略了那些看似微不足道的細節**。

人們常犯的一個錯誤，就是認為小事情可以馬虎，唯有大事才比較重要，需要全心全力的做。

然而，我們只要稍微觀察一下宇宙萬物，並且認真思考生命的種種，很快就會發現——

世上所有事物都由微小的細部所組成，而且每一個細部都完美無缺。

品格的大廈

一個人如果能以上述四個道德原則，作為生命的守則和基礎，便能據以建造自己的「品格」大廈。

無論是思想、言語還是行動上都恪遵這些原則，在執行各種職責和工作時也嚴謹加以奉行，便能為自己的操守奠定穩固的基礎。

如此一來，必然可以養成能帶來榮耀的品格。

一旦擁有這等品格，就能建造出一座堅固美觀、讓人得以沐浴在安寧與幸福中的人生殿堂。

優化命運Q&A習慣

1. 大自然的萬物和人類創造的事物，都是透過「＿＿＿＿」的過程產生的。有「建構」必然就有「＿＿＿＿」，兩者交替發生。
2. 一個人之所以會形成今天的性格，是在過程中不斷添加新材料的結果，而那個材料就是「＿＿＿＿」。
3. 許多人在「砌磚」時總是輕率隨意，因此他們建構出來的性格往往毫不穩固，只要一被「＿＿＿＿」、「＿＿＿＿」的強風吹拂，很容易就會倒塌。
4. 那些經過明智選擇且被放在適當位置的純淨想法，則是耐用的＿＿＿＿。
5. 會將種種問題怪罪於＿＿＿＿、＿＿＿＿或其他人事物，那就是一個軟弱、沒有擔當的人。這種作法並不會過得比較舒服。
6. 「公平」、「＿＿＿＿」、「＿＿＿＿」與「仁慈」，這四個道德原則之於生活，正如正方形四邊之於建築物。

7 一個人如果想要擁有安定幸福的人生，避免像許多人那樣遭到不幸與失敗的命運，那就必須依據——來處理日常生活的大小事務。

8 人之所以會遭遇失敗和不幸，通常是因為忽略了那些看似微不足道的——。

解答

1 建構，解構 2 思想 3 煩惱，誘惑 4 磚塊 5 魔鬼、祖先 6 正直，真誠 7 道德法則 8 細節

Chapter 7

專注的大腦，平靜的心

一個成功的人，
無論成就是在哪一方面，
做起事來必然很專注，
儘管他可能從未學習過「專注」這件事。

專注，就是讓你的心思持續集中在一件事物上。

一個人若想完成任何一件工作，就必須要具備這樣的能力。

專注是一種能力

專注是「徹底」之父、「卓越」之母。

作為一種能力，「專注」本身並非我們所追求的終極目標，但它可以幫助我們增進各種能力，把所有工作都做得更好。

專注本身雖非目標，卻能幫助我們達到目標。

專注就像機械裡的蒸汽，它是心靈中的一股推力，幫助我們履行生命中的各種職責。

專注是人們普遍具備的一種能力，但能做到極致的很少。

正如同人們普遍都具有理性和意志力，但卻很少人擁有全面的理性和絕對的意志力。

有些現代的神祕主義作家，把「專注」這種能力描寫得很神祕，其實這完全沒有必要。

一個成功的人，無論成就是在哪一方面，做起事來必然很專注，儘管他可能從未學習過「專注」這回事。

當一個人專心的閱讀一本書、做一件工作、全心全意的投入某件事物或勤奮的履行職責時，或多或少都做到了專注。

「專注力」的錯誤打開方式

許多宣稱能教人專注的書籍，都把「專注」本身當成一個目標，但這種方法是不可能有效的。

這些是我看過教人「專注」的書籍所傳授的方法：

如果想學會專注，那就目不轉睛的看著鼻尖、門把、一幅畫、一個神祕的符號、一幅聖人的肖像，或者把心思放在肚臍（丹田）、松果體（大腦內的內分泌腺體，人稱智慧的「第三隻眼」）、想像中的某一個點。

然而，那就像是只靠動動嘴巴做出吃飯的動作，沒有真正吃到東西就想讓身體獲得營養一般，是不可能達到目標的。

這類方法不僅無法使人專注，反而會分散注意力；不僅不能使人更有智慧與力量，反而會讓人變得軟弱愚蠢。

我遇過有些人在採用這類方法之後，反而耗損了原先擁有的專注力，變得軟弱且容易分心。

專注力能幫助我們把一件事做好，但它本身卻無法做出任何事情，它只不過是個工具，對生命並沒有實際的影響，但若不藉助它，就無法得到神聖的知識。

事實上，所謂「專注力」指的究竟是什麼呢？

不就是**收攝自己的心神，將它放在眼前必須要做的事情上**嗎？

一個人如果做事漫無目的、匆匆忙忙、粗心草率，卻想要透過人為的「專注法」——比如說把心思放在門把、圖畫或鼻尖上——以獲得想像中那神祕的專注力，這是絕對無法如願的，反而有可能會變得精神不太正常，我認識的某個人就是如此。

成功勝利者的主要特徵

其實，專注力只是一種非常普通、實用的特質而已。

一個人之所以無法專注，主要是因為他並不認為「專注」是多麼重要的一件事情。

不過，專注之所以重要，只是因為它能讓我們達到所追求的目標。

專注力能讓我們的心靈輕鬆完成在不專注的情況下不可能完成的事。

只是它本身並不生產任何事，所以算不上什麼成就。

「專注力」攸關「用途」，因此和人的職責密不可分。

如果一個人試圖在工作和職責以外的事物上獲得專注力，那不僅不會成功，還會削減其心智和工作能力，因而在做事時愈來愈難成功。

一支人馬分散、紀律廢弛的軍隊是打不了仗的。要讓它具有戰鬥力、並且在戰場上能很快克敵致勝，就必須將兵員集中起來，交由英明的將帥領導統御。

同樣的，散亂、不集中的意念是軟弱無用的。

一個人如果能統合自己的意念，並加以控制與引導，使其集中在一個特定的點上，就會所向披靡，所有的混亂、懷疑和困難也都會一掃而空。

凡成功勝利者的主要特徵就是——心神專注，意念集中。

在每日所做的事裡專注

培養專注力並沒有什麼特殊的祕訣。

就像培養其他各種能力一樣，其基本原則便是「實行」。

如果你想培養做某件事的能力，就必須開始去做它，並且持續為之，直到能夠做得很好為止。

這個原則適用於所有的領域，包括藝術、科學、商業、學習、品格和宗教。一個人如果想擁有繪畫能力，就必須開始畫畫；想學習如何巧妙的使用某一種工具，就必須開始去用它；想成為一個有學問的人，就必須開始學習；想成為一個有智慧的人，就必須開始做明智的事；想培養自己的專注力，就必須集中自己的心思。

除了去做之外，還要**積極的做，並且做的得法**。

要培養專注力，第一步就是把心思放在日常工作上，將所有精力和腦力都集中在必須做的事情上。一旦發現自己的心思開始飄移，就要立刻將它帶回來。

因此——

注意力的焦點不應該是松果體或一幅畫，而是你**每天所做的事情**。

之所以要專注，那是為了讓自己能夠迅速且完美的完成該做的工作。

當你能夠做到這一點時，才算是擁有駕馭自己心靈的能力，也才算是具備了專注力。

剛開始時，要將雜亂的心思、精力與意志力完全放在手邊的事情上，必定會覺得很困難，畢竟所有珍貴的事物都不容易取得。然而，只要每天努力並持之以恆，很快就能夠自我克制，在做事時得以將心思敏銳集中，迅速掌握工作細節，並準確而俐落的一一解決。

當專注力提升時，就能夠**成為一個更有用的人，並提升自己在世人眼中的價值**。如此一來，便有機會做出更重要的事，承擔更高的職務，讓自己的人生變得更加開闊與充實，並享受與之而來的喜悅。

感受專注過程四進化

專注的過程包括以下四個階段：

1 注意。

2 思索。

3 出神。

4 靜中有動。

剛開始的時候，心思受到了吸引，因而集中於眼前的工作上，這便是——「**注意**」。

接著，人會開始積極的思考該如何進行這項工作，這便是——「**思索**」。

當一個人持續進行思考的時候，所有的感官都會處於關閉的狀態，使得外界那些令人分心的事物無法進來；此時，他的心思會完全集中在手中的工作上，這便是——「**出神**」。

在心神深度集中的出神狀態下，人可以達到「以最少阻力完成最多工作」的狀態，這便是——「**靜中有動**」。

要把事情做好，第一階段便是「注意」。

欠缺注意力的人什麼事情都做不成，那些懶惰、粗心、滿不在乎、無法勝任工作的人都屬於這一類。

當人把注意力放在工作上，並且開始認真思考時，便到達了第二階段「思索」；在從事一般世俗的工作時，只要能到達第二階段，便可以做得很好。

在各行各業中，有許多具有工作技能、表現稱職的人，或多或少都到達了前述這兩個階段。

只有一小部分的人能到達第三階段「出神」，這是因為當人能到達「出神」的階段時，已經成為天才了。

在最前面的兩個階段，人的心思和工作是分開的，做起事來多少都需要費些心力，而且還會有一定程度的摩擦力。但到達第三階段「出神」時，心思和工作會合而為一、渾然一體，於是做起事來效率更高，更不費力，也更少摩擦力。

在最前面的兩個階段，人的心思是以客觀的角度在工作，很容易因為外來的影像或聲音而分心；當他完全進入「出神」的階段時，便是以主觀的心思在工作，和前者截然不同。

這時，人會渾然忘卻外在的事物，但心思是活躍而忙碌的。這時，別人如果和他說話，他是聽不見的；需要再三重複，並且提高嗓門，他才會有如大夢初醒般注意到外在的事物。

事實上，這種「出神」狀態可說是「人在清醒時所做的夢」，但和真正的夢境不同的是：

人在做夢時，神智是迷茫的，但在「出神」的狀態下，他的頭腦清楚、條理井然、眼光犀利，並且具有很強的理解力。

凡是能夠達到「出神」狀態的人，必然可以在專心從事的工作上完全展現其才能。

世上的發明家、藝術家、詩人、科學家、哲學家和所有的天才，都達到了「出神」的境界。

他們能輕輕鬆鬆的完成，那些尚未到達第三階段的人費盡力氣也無法完成的工作。

當人進入第四階段「靜中有動」時，便具備最高的專注力。

我無法找到一個明確的字眼來充分形容這種既潛息靜止、又極其活躍的狀態，姑且先稱為「靜中有動」。這個名詞聽起來似乎自相矛盾，但只要舉一個很簡單的例子——陀螺，便可以說明這種矛盾的現象。

當一個**陀螺以最高的速度旋轉時，摩擦力會降到最小的程度**，陀螺本身會進入完全靜止的狀態。

對一個打陀螺的學童而言，這是一個既美麗又迷人的景象——

他會說這個時候他的陀螺「正在沉睡」。

此時，陀螺表面上看似不動，但其實並非完全靜止，而是處於一種雖然動得很厲害、但是卻完全平衡的休息狀態。

同樣的，當一個人已經到達全神貫注的狀態時，雖然腦筋一直在動，以致他能把事情做得盡善盡美，但整個人卻處於安靜、平穩、從容、安詳的狀態，而且外表並沒有明顯的動作。

人在這種狀態下，會顯得容光煥發、平靜安詳，而且當他的心思處於極度活躍的狀態時，他的面容會顯得更加平靜。

從工人變神人

「專注」的每個階段都有其效用：

當人處於第一階段時，能做出有用的事。

處於第二階段時，人的技巧、能力和才華會被激發出來。

處於第三階段時，創意與天分將得以充分發揮。

如果能到達第四階段，就能發展出精湛的技藝與強大的能力，並成為領袖與導師級的人物。

在培養專注力的過程中，就跟學習其他事物時一樣，後面的階段會涵蓋前面的所有階段。

因此，「思索」階段會涵蓋「注意」階段，「出神」階段會涵蓋「注意」與「思索」這兩個階段；當人到達最後一個階段時，他的「心神狀態」便會涵蓋所有的階段。

一個具有高度專注力的人，無論任何時刻都能把心思集中於所要做的事情上，並了解當中的究竟。

他能夠從容的開始一件事，也能夠從容的將它結束。

他已經學會如何將心智能力運用在選定的目標上，以達成特定的結果。他知道自己在做什麼，心思不會混亂飄移。

心思專注的人必然行事果斷、充滿活力、頭腦靈活、態度從容、具有判斷力，而且態度嚴肅認真。

培養專注力的過程中，其所經歷的心智鍛鍊會有助於從事世俗工作時效益愈來愈高，也愈來愈成功，並且最終能獲得一種更高形式的專注力，那便是——

「**冥想**」。

當人處於冥想的狀態時，心靈會受到啟發，並獲得有關靈性的知識。

優化命運Q&A習慣

1 專注本身雖非＿＿＿，卻能幫助我們達到＿＿＿。

2 所謂「專注力」，就是收攝自己的心神，將它放在眼前＿＿＿的事情上。

3 專注力能讓我們的心靈輕鬆完成在＿＿＿的情況下不可能完成的事。

4 試圖在＿＿＿以外的事物上獲得專注力，那不僅不會成功，還會削減其心智和工作能力。

5 注意力的焦點不應該是松果體或一幅畫，而是你＿＿＿。

6 當專注力提升時，就能夠成為一個＿＿＿的人，並提升自己在世人眼中的＿＿＿。

7 專注的過程，包括以下四個階段：＿＿＿→思索→出神→＿＿＿。

8 培養專注力的過程中，其所經歷的心智鍛鍊會有助於從事世俗工作時＿＿＿愈來愈高，也愈來愈＿＿＿。

解答

❶目標，目標 ❷必須要做 ❸不專注 ❹工作和職責 ❺每天所做的事情 ❻更有用，價值

❼注意，靜中有動 ❽效益，成功

Chapter 8

冥想，讓你過正確的生活

專注力臻於極致時，會帶來力量；
冥想到達巔峰時，會帶來智慧。
透過專注，我們可以獲得各領域的工作技能；
透過冥想，我們可以獲得生活的技能——
知道如何過正確的生活，認識真理並得著智慧。

為什麼要練習冥想？

人如果心生追求靈性的渴望，又具備了專注力，便會開始「冥想」。

當一個人不滿足於世俗生活，不想一味追求享樂，而是熱切的想過著一種更崇高、更純淨、更光明的生活時，他便有了「靈性的渴望」。當他一心一意想追求這般生活時，他就會開始冥想——**一個人如果沒有熱切的「靈性的渴望」，就不可能會冥想**。

一個了無生氣、凡事都不感興趣的人，是不可能會冥想的。

性情愈熱烈的人，愈容易走上冥想的道路，並且在嘗試冥想時也愈容易成功。這樣的人一旦產生「靈性的渴望」，在冥想時將會很快悟到真理。

一個人若想在塵世功成名就，就必須專注；若想在靈性上有所成長，就必須冥想。

透過專注，可以獲得世俗的技能與知識；但唯有透過冥想，才能獲得靈性的能力與學識。

人若具備專注力，便能夠充分發揮其才華，但無法藉此認識靈性的真理；要認識靈性的真理，就必須冥想。

人透過專注，可能獲得凱撒大帝般的理解力與影響力；透過冥想，可能獲得佛陀般的智慧與安詳。

專注力臻於極致時，會帶來力量；冥想達到巔峰時，會帶來智慧。

透過專注，我們可以獲得從事科學、藝術和商業等領域之各種**「工作的技能」**；透過冥想，我們可以獲得**「生活的技能」**，知道如何過正確的生活，認識真理並得著智慧。

賢士、聖徒、救世主等這些世間的智者和人類的導師，都是靠著冥想而有所成就。

追求靈性之「冥想」四階段

「冥想」的過程也涵蓋「專注」的四個階段——注意、思索、出神、靜中有動（見上一章）。

兩者的本質相同，但方向不同。

冥想是靈性的專注，也就是——專注追求靈性的知識與生命，一心一意的想要認識真理。

當一個人熱切的想要認識並實踐真理，勝於追求世上的一切時，會開始「**注意**」品格、生命與自我淨化等方面之事。

當他注意到這方面的事情時，便會開始認真的「**思索**」生命中的各種現象、問題與奧祕。

當人持續思索著這類生命問題時，就會極度渴望真理，並且一心一意的想認識真理，以致忘卻了自己的諸多慾望。

一旦解決生命中一個又一個的問題時，他會深深地和真理合而為一，這時便達到**「出神」**的狀態。

當人如此這般地一心以真理為念時，性情會變得穩定且平衡，這便是**「靜中有動」**的狀態，也是一個人的心靈得到解放並且悟到真理時，所表現出來的一種平靜安詳的狀態。

從自律開始

「冥想」比「專注」更困難。

這是因為一個人如果要冥想，就需要嚴格的自律。

一個人毋須淨化自己的心靈和生命，就能夠培養專注力；但如果要開始練習冥想，就非如此自律不可。

冥想的目的在於——獲得靈性上的啟迪，也就是認識真理。

一個人若要進行冥想，就必須過著純潔正直的生活。

一開始，你實際進行冥想的時間雖然很短，或許只有清晨半個小時，但你將會用一**整天的時間**，具體實踐在那半個小時的冥想中所體會的道理。

因此，一個人需要用他生命的全部來進行冥想。

冥想的時日愈長，就會變得愈有力量、愈聖潔與平靜，也愈有智慧。

冥想的法則

冥想的法則有二，分別是：

1反覆想著純淨的事物，藉此淨化自己的心靈。

2在實際生活中體現這種純潔的狀態，以獲取靈性方面的知識。

人是**有思想的「存有」**（being，含括主觀存在和現實此有〔dasein〕，此詞源自於古印度和古希臘哲學）。

人的生活和品格取決於其慣有的想法；當人受到自己的行為、交友和習慣的影響時，會愈來愈容易產生某些想法，而這類想法出現的頻率也會愈來愈高，於是便形成某種無意識的行為，亦即「習性」，因而養成了某種特定的品格。

由於冥想者每天都懷著純潔的意念，久而久之，所思所想皆是純淨、光明的事物，於是，行為也會逐漸變得純潔而光明，並且能夠善盡自己的職責。

因為人始終懷著純潔的正念，最終便會和這些意念合而為一，成為一個純潔的「存有」，並將這些想法體現在行動與生活中。

至此，其所作所為莫不純潔無暇，生活亦過得平靜且有智慧。

克服內在的衝突

大多數人一生當中，都有著各種互相矛盾的慾望、激情、情感和想法，因此生活難逃焦慮不安、失落憂傷。

然而，當一個人開始冥想時，一心所想的都是宇宙間最重要的法則，於是他便得以逐漸克服那些內在的衝突。

至此，人即擺脫了劣質的慣性，不再有不潔、不當的想法和行為，並養成光明而純潔的思維習慣與行事作風。於是，人的思想變得愈來愈接近真理，心靈愈來愈和諧，洞察力愈來愈強，心境也愈來愈完美安詳。

人必然是在強烈感受到生命的憂傷、短暫和神祕之後，才會開始熱切的嚮往真理。

在達到這樣的狀態前，多數人不可能進行冥想。

人們大多以為，冥想不過是一個人坐在那裡沉思默想或做白日夢。

然而，這絕非真正的冥想，因為冥想具有崇高的靈性意涵。

人們很容易將「遐想」當成「冥想」，這是很危險的。

當你欲進行冥想時，務必避免這樣的錯誤，不能將兩者混為一談。

「遐想」是鬆散、漫無目標的白日夢；「冥想」則是強勁有力、目標清楚的思維。

「遐想」是輕鬆而愉悅的；「冥想」在最初階段則是困難而厭煩的。

人在無所事事、奢華安適的狀態下，很容易產生「遐想」；唯有願意努力且能自我管理者才能進行「冥想」。

「遐想」一開始誰都很容易進入，之後便會逐漸流於感官與肉慾；「冥想」一開始很不容易，之後便會逐漸產生效果，讓你感到心情平靜。

「遐想」是危險的，會削弱你的自制力；「冥想」則對你有益，會增強你的自制力。

話說回來，有一些跡象其實可以幫助你分辨：究竟你是在「遐想」，抑或在「冥想」呢？

「遐想」的跡象——

1 不想花費力氣。

2 想體驗做夢的愉悅。

3 愈來愈不喜歡擔負世俗的職責。

4 想逃避自己在人世應負的責任。

5 害怕面對後果。

6 想「事少錢多」的賺錢。

7 缺乏自制力。

「冥想」的跡象——

1 感覺自己的體力和腦筋都變好了。

2 努力追求智慧。

3 在履行自己的職責時比較不會感到厭煩。

4 忠實履行世間一切責任的堅定決心。

5 無所畏懼。

6對財富不感興趣。

7有自制力。

有某些時間、地方和狀況，會讓人無法進行冥想；也有某些時間、地方和狀況，會讓人很難進行冥想。

不過，有某些時間、地方和狀況，其實會讓人比較容易進行冥想。

人們應該了解其中的區別，並加以注意：

無法進行冥想的時、地、情況——

1正在吃飯或剛吃完飯。

2在尋歡作樂的場所。

3在擁擠的地方。

4快步行走之際。

5早晨躺在床上時。

6抽菸當下。

7躺在沙發或床上想讓身體或心情放鬆時。

很難進行冥想的時、地、情況——

1夜晚時。

2在陳設奢華的房間裡。

3坐在柔軟、下陷的座位上。

4穿著色彩鮮豔的服飾時。

5有人在旁邊時。
6身體疲累時。
7吃太飽時。

進行冥想的最佳時、地、情況——

1一大清早。
2用餐之前。
3獨處時。
4在戶外或陳設簡樸的房間裡。
5坐在堅硬的座位上。
6身體強壯、精力充沛時。
7穿著樸素的衣裳時。

一個人在舒適、奢華和逸樂的情況下很難進行冥想；在極其舒適、奢華和逸樂的情況下更是無法進行冥想。

但在比較辛苦、節制、沒有物質享受的情況下，則比較容易進行冥想。

至少，在這種情況下不會產生遐想。

此外，在進行冥想時，身體不應該過飽，也不能過餓；不能穿得太過破爛，也不能太過華麗。

請勿在身體疲倦的情況下進行冥想。你應該在體力最好、精力最充沛時進行冥想，因為你需要有很好的體力和精神，才能夠讓心思專注在那些微妙且崇高的思想上。

默念有感而發的格言詩句

如果你能在心中反覆默念一句崇高的格言、一個美麗的文句或一段詩詞，往往能喚起內心對靈性的渴望，使你再度想要進行冥想。事實上，一個人如果已經做好進行冥想的準備，就會本能的採用這個方法。不過，光是進行機械性的複誦並沒有用，甚至會妨礙冥想。

你所默念的語句必須**適合個人情況**，讓你能**帶著情感**、**專注而虔誠**的想著這些語句。在這種滿懷渴望且心神專注的情況下，就能輕輕鬆鬆進入冥想狀態。

在冥想初期，上述各點至關重要，凡是想要努力培養冥想習慣者，務必密切注意並徹底奉行。若能確實遵照這些要領，努力練習並持之以恆，假以時日，必然得以享受冥想所帶來的甜美滋味，過著純潔、智慧、幸福與安寧的生活。

優化命運Q&A習慣

1 人一旦產生「＿＿＿的渴望」，在冥想時將會很快悟到真理。

2 專注力臻於極致時，會帶來＿＿＿；冥想達到巔峰時，會帶來＿＿＿。

3 透過專注，我們可以獲得從事各種「＿＿＿的技能」；透過冥想，我們可以獲得「＿＿＿的技能」，知道如何過正確的生活，認識真理並得著智慧。

4 如果要開始練習冥想，就非如此＿＿＿不可。

5 人是有思想的「＿＿＿」。人的生活和品格取決於其慣有的想法。

6 「＿＿＿」是輕鬆而愉悅的；「＿＿＿」在最初階段則是困難而厭煩的。

7 不要在身體疲倦的情況下進行冥想，應該在＿＿＿、精力最充沛的時候進行。

8 你所默念的語句必須適用於＿＿＿，讓你能夠帶著情感、專注而虔誠的想著這些語句。

解答

❶靈性 ❷力量，智慧 ❸工作，生活 ❹自律 ❺存有 ❻遐想，冥想 ❼體力最好

❽個人情況

Chapter 9

有智慧的堅定目標是成功之梯

「目標」與「智慧」密不可分。

目標所產生的力量，足以克服所有的境況。

若目標並不正當，當人達到目標後就會毀掉自己。

分散導致軟弱，集中便有力量。

破壞是分散的過程，保存則是融合的過程。

當一個物體的成分愈是緊密，它的用途愈大。當一個人的思想愈是集中，他就愈有力量。

為什麼需要目標？

所謂「目標」，便是**高度集中的思想**。當人有了目標時，便會開始用全部的心智能量來達成這個目標，爾後橫擋在他和目標之間的種種障礙，都會被逐一瓦解、克服。

目標是建造「成就」殿堂的拱心石，它會把原本散落各處、沒有用途的材料結合起來，形成一個完整的整體。

說說、興致、渴望都不算目標

空泛的念頭、一時的興致、含糊的渴望及隨口說說的志向，其實這些都不算是目標。

所謂「目標」，是指有長期的決心要成就某事。

目標具有一股無堅不摧、所向無敵的力量，能使人無視一切次要考量，直接邁向勝利。

目標的強大力量

成功人士都有著堅定的目標。

他們堅守一個理念、一個方案或一個計畫，絕不放棄。

他們看重這個理念、方案或計畫，將它置於腦海時時琢磨，讓它逐漸成形。

就算遇到困難，他們也絕不放棄。

事實上，他們所遭遇的障礙愈大，其目標反而會愈發堅定。

歷史上那些成就人類命運的偉人，都擁有堅定的目標。

他們就像羅馬人鋪路一般，有著明確的路線與方向，即便遭到嚴刑拷打或面臨死亡威脅，他們也絕不轉向。

這些偉人是心靈道路的建築師，使得後世得以循其所開鑿出的知性或靈性道路前進。

「目標」具有強大的力量。

我們只要研究一下那些改變國家或人類命運的偉人之生平，就可以十分明白這點。

在亞歷山大、凱撒或拿破崙的身上，即能看出——當人在追求個人或世俗的成就上有著堅定的目標時，會產生多麼強大的力量。

在孔子、佛陀和基督的身上，我們可以看出——當人在靈性和公眾事務上有著堅定的目標時，可以成就怎樣的大業。

智慧決定目標高下

「目標」與「智慧」密不可分。

一個人的目標高下**與他的智慧成正比**。偉大的心靈必然有著崇高的目標；智慧低下的人則沒有目標，因為不成熟的人往往心思渙散飄移。

當一個人的目標堅定不移時，有什麼力量可以抗拒他、阻擋他或使他改弦易轍呢？

無生命的物質無法阻擋有生命的力量。

目標所產生的力量，足以克服所有境況。

誠然，一個目標不正當的人，在達到目標後會毀掉自己，而目標正當良善的人不可能會失敗——

他只要每天下定決心，就可以達成目標。

愈堅定，愈抗壓

一個人假使因為受到誤解而悲傷，那便是一個弱者，不可能成就大業。

一個人假使為了取悅他人、贏得認可而放棄自己決心要做的事，那便是虛榮的人，不可能有太高的成就。

一個人假使輕易改變自己的目標，那便是三心二意的人，必然會面臨失敗的下場。

一個人如果目標堅定，那麼無論受到再多誤解與污蔑、聽到再多奉承諂媚與花言巧語，他的決心也不會有一分一毫的動搖。

這樣的人不僅超群拔類，也必能達成他的目標，並成為一個成功、偉大、有影響力的人。

目標堅定的人遇到橫逆時，會更加奮發；遇到困難時，會重新努力；即便犯了錯誤、遭遇損失或感到痛苦，也不會退卻。失敗對目標堅定者而言，只是通往成功的階梯，因為他確信自己最後必能達成目標。

堅定的「目標」是一種無聲的力量，令人無可抗拒，足以征服一切，最終一切事物都會臣服於它。

「漆黑的夜色將我淹沒，
但我仍感謝上蒼令我得以承受。
命運向我張開了血盆大口，
但我不曾哀鳴或大聲求救。
『意外』的棍棒將我打得頭破血流，
但我堅不俯首屈就。
無論那門如何狹窄，

無論遭受多少痛擊，
我，都是自己命運的主宰，
我，都是我靈魂的領航員。」

優化命運Q＆A習慣

1 分散導致＿＿＿，集中便有＿＿＿。

2 所謂「目標」，便是＿＿＿的思想。

3 一個人的目標高下與他的＿＿＿成正比。偉大的心靈必然有著崇高的目標。

4 ＿＿＿所產生的力量，足以克服所有境況。若目標並不正當，當人達到目標後就會＿＿＿。

5 目標堅定的人遇到橫逆時，會更加＿＿＿。

解答

1 軟弱，力量 2 高度集中 3 智慧 4 目標，毀掉自己 5 奮發

Chapter 10

永遠的喜悅

努力，是人類為生命所付出的代價。
努力的頂點，便是成就。
成就的回報，便是喜悅。

一個人如果能把工作做好，必然會有**喜悅之感**。完成一項任務或做好一件事情時，必然會感到如釋重負、心滿意足。

思想家愛默生曾經說：「人在履行了自己的職責之後，會感到輕鬆而快樂。」無論是多麼微不足道的事情，只要實實在在、盡心盡力的將它完成，必然會感到心情愉快、心安理得。

要活就要動

在所有不幸之人當中，**逃避責任的人最為可憐**。

有人以為，只要迴避困難的責任和必要的工作，遠離那些勞心勞力的事，日子就能過得輕鬆愉快；但事實上，心裡會一直感覺煩躁不安，並且有一種羞恥感，喪失了成人氣概和自尊心。

英國歷史學家卡萊爾（Carlyle）說：

「凡不願盡其能力工作者，必將因匱乏而毀滅。」

根據道德因果法則，一個人若規避責任，不願盡其所能的工作，品格就會逐漸敗壞，最後身體和經濟狀況也會走下坡。

要活就要動。

一個人若不肯從事需要耗費體力或腦力的事情，他就已經開始敗壞了。

有為者亦若是

相反的，有活力的人會用盡全力、克服困難，完成那些需要花費腦力和體力的工作，因此生活會愈來愈好。

當一個孩子花了許多時間，好不容易終於學會學校所教的功課時，他是何其快樂啊！

一個運動員在多年的辛苦鍛鍊之後，身體會更加健康，體力也會更加旺盛，而當他把比賽中所贏得的獎牌帶回家時，朋友們都會為他歡呼慶祝。

一個學者如果經年累月的下苦工鑽研，最後必然會苦盡甘來，從學問中得著若干益處與本事。

商人如果能夠不斷克服種種的困難和障礙，最終必然可以把生意經營得有聲有色。

園丁如果努力解決土壤的問題，必然能使草木開花結果，並且得以享受到自己勞動的成果。

克服私心的人有福了

當人有了成就之後，必然會感受到一定程度的喜悅。世俗的事務如此，在靈性方面亦然。

當我們達到靈性上所追求的目標時，必然會心生深刻且恆久的喜悅。

當一個人歷經無數次嘗試，終於改掉自己品格上的某個缺陷、使自己和周遭的人都不再受其困擾時，必然會從心底湧出巨大的、無法言喻的喜悅。

那些努力培養自己的美德、建立高尚品格的人，在每次克服自己的弱點時，也必會油然而生一股喜悅。

這樣的喜悅不僅**不會消逝**，還會成為其靈性中**常駐**的一部分。

生命乃是奮鬥的過程。

人一生當中必然會面臨種種**內在與外在的困境**，並且與之抗爭。

生命是由一連串的努力與成就所構成。

一個人是否能夠繼續生存，並對人類社會做出貢獻，端視他有多少能力對抗來自外在（大自然的力量）和內在（邪惡與謊言）的威脅。

生而為人，**我們有責任不斷追求更美好的事物、更完善的境界，以及更高的成就**；一個人若能善盡此一責任，一路必然有喜悅相隨。

這是因為——熱衷於學習並努力達成目標的人，必然能體會到那存在於宇宙核心的喜悅。

人必須努力，先把小事做好，再做大事，最後則是致力於認識真理。果能如此，必然能品嚐到永恆的喜悅。

努力，是人類為生命所付出的代價。

努力的頂點，便是成就。

成就的回報，便是喜悅。

凡是努力克服自己私心的人有福了，因為他將充分感受到成就所帶來的——喜悅。

優化命運Q&A習慣

1. 人在履行了自己的職責之後，會感到＿＿＿。
2. 在所有不幸之人當中，＿＿＿的人最為可憐。
3. 迴避困難的責任和必要的工作，心裡會一直感覺煩躁不安，並且有一種＿＿＿，喪失了成人氣概和自尊心。
4. 根據道德因果法則，一個人若規避責任，不願盡其所能的工作，品格就會逐漸敗壞，最後＿＿＿和＿＿＿狀況也會走下坡。
5. 終於改掉自己品格上的某個＿＿＿、使自己和周遭的人都不再受其困擾時，必然會從心底湧出巨大的、無法言喻的＿＿＿。
6. 人必須努力，先把＿＿＿做好，再做＿＿＿，最後則是致力於認識＿＿＿。

解答

❶輕鬆而快樂 ❷逃避責任 ❸羞恥感 ❹身體，經濟 ❺缺陷，喜悅 ❻小事，大事，真理

附錄

詹姆斯・艾倫

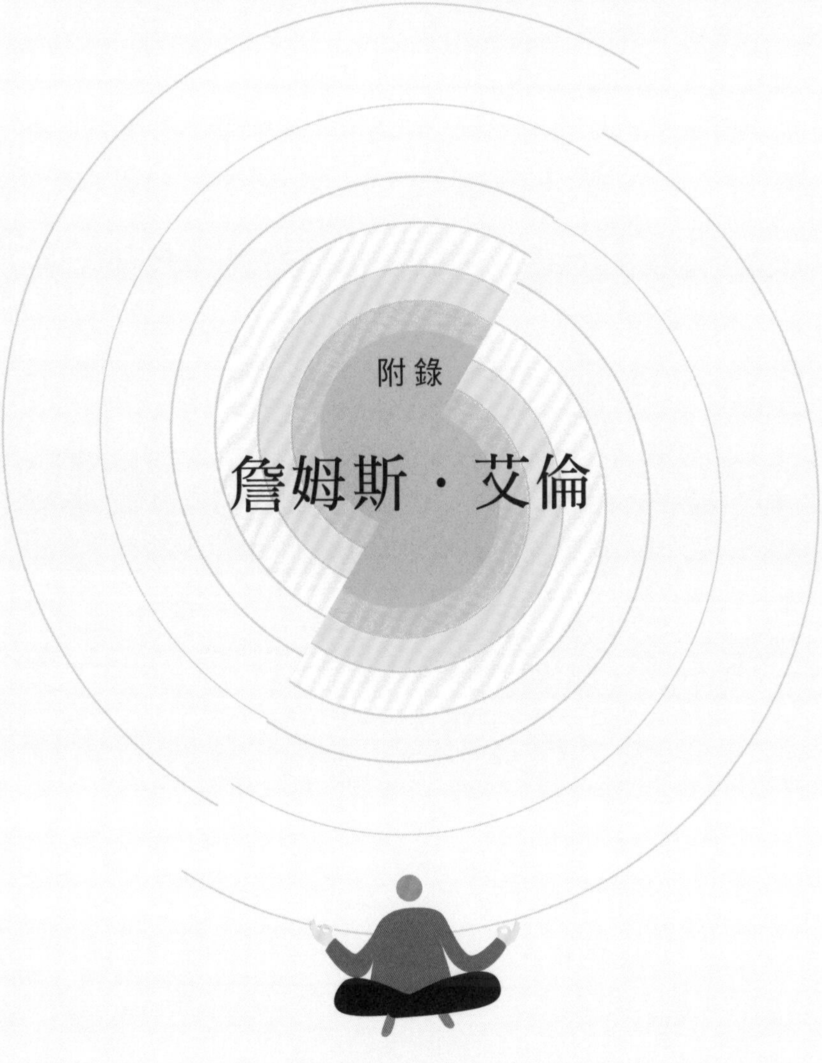

詹姆斯·艾倫是一位哲學思想家，一八六四年十一月二十八日出生於英國萊斯特（Leicester），他的名著《你的思想決定業力》，自一九〇三年出版以來，鼓舞、啟發了數百萬人，成為歷久不衰的暢銷書籍。

●●●●●

艾倫出生於一個工人階級家庭，他的父親威廉是一名織品工廠編織者。一八七九年，英格蘭中部紡織品貿易衰退，威廉獨自前往美國尋找工作機會，並計畫在那裡為家人建立一個新家園。

豈料，在抵美後的兩天內，威廉便死於紐約市醫院——據信是一起搶劫謀殺案。由於這起悲劇事件，迫使艾倫在十五歲時不得不輟學幫助家計。

艾倫曾在多家英國製造公司擔任私人祕書和文具商。一八九三年，艾倫先搬到了倫敦，然後再搬到南威爾斯，以新聞報導為生。

在南威爾斯，他遇到了一生的摯愛——莉莉．露易莎．奥拉姆（Lily Louisa Oram），並於一八九五年與其結婚。

●●●●●

一八九八年，艾倫進入創作時期，並於一九〇一年出版了他的第一本書《從困頓到力量》。

一九〇二年，艾倫開始出版自己的精神雜誌《理智之光》，而在他去世後，他的妻子將雜誌改名為「大紀元」，繼續出刊。

一九〇三年，詹姆斯·艾倫出版了他最廣為人知的著作《你的思想決定業力》（這是他的第三本書），並遷居到英格蘭西南海岸的伊爾弗勒科姆鎮。

這個度假小鎮有著連綿起伏的丘陵和蜿蜒的小巷，提供了哲學研究所需的安靜氛圍。他喜歡莎士比亞、約翰·彌爾頓、拉爾夫·沃爾多·愛默生、《聖經》、佛陀、華特·惠特曼和老子等人的作品，因此也常常於自己的作品中引用其論述。

在這裡，艾倫過著如同他的心靈導師托爾斯泰所描述的清貧、勞動且自律的理想生活。

每天早上，他都很早起床，接著去攀登凱恩山（Cairn），一邊在懸崖邊俯瞰大海，一邊反思和冥想。

大約一小時過後，他會回家寫作，將他洞察到的法則或祕密記錄下來，直至中午。

下午，他喜歡園藝和玩槌球。至於夜晚，若有鎮民想與他討論哲學議題，他會欣然與他們交流。

●●●●●

就這樣，艾倫持續每年出版一本以上的書籍，靠著微薄的版稅度過了十年沉思的生活，直到他一九一二年突然去世，總共出版了十九部作品。

就和他恬靜的生活方式一樣，他離開人世時也是那麼的靜悄悄、沒沒無聞。艾倫的兄弟湯馬斯（Thomas）把他火化後的骨灰撒在墓地時說：「詹姆斯・艾倫

的這些灰燼會被投到天堂的四風之中，他所教導的真理也將滲透到地球的四個角落，帶著歡樂、和平與安慰。」

直到後來，文壇才進一步肯定他的作品既富創造力又鼓舞人心，於是慢慢開始為人所知。

James Allen 3

James Allen 3